Fox

Coloring and Activity Book For Kids

TRUE FOXES

```
D  N  A  S  N  A  T  E  B  I  T  G
K  Y  Y  H  R  J  N  B  P  T  I  K
T  B  L  A  N  F  O  R  D  S  H  J
C  S  I  L  V  E  R  Z  N  L  N  T
O  K  K  E  L  C  M  D  F  Z  S  G
R  B  D  D  L  L  R  E  H  L  E  H
S  X  L  C  H  A  N  O  A  V  L  T
A  N  S  I  J  N  P  G  S  Z  P  B
C  M  W  T  E  Y  N  C  C  S  P  M
J  C  I  C  X  E  C  B  A  D  U  X
C  Z  F  R  B  F  L  C  E  P  R  L
R  R  T  A  J  L  J  R  F  K  E  K
```

ARCTIC	CROSS*	RUPPLES
BENGAL	FENNEC	SILVER*
BLANFORDS	KIT	SWIFT
CAPE	PALE	TIBETAN SAND
CORSAC	RED	

*There are 12 true foxes. The silver and cross fox are red foxes with different colored fur.

This book belongs to

The Fennec fox is one of the 12 "true foxes" that belong to the Vulpes Genus.

Fennec foxes live in the northern section of Africa.

The Red fox is the most
abundant and widespread of
all the foxes.

All foxes are omnivorous mammals that are related to wolves and dogs. Omnivorous means that they will eat both meat and vegetables. Basically, they're not picky eaters which makes them very successful in many environments.

Foxes have pointed notes,
thin legs and bushy tails.
They have whiskers on their
nose and legs that help them
hunt at night.

The Arctic fox has adapted to the cold with a shorter nose, legs and ears than other fox-es. It also has thick fur and even has fur on it's feet!

The Arctic fox is the only fox that changes colors during the year! It is only white in the winter. In the summer it turns brown in order to hide better.

The Gray fox is the only fox that can climb a tree! They have claws like a cat (or like Wolverine) that are retract-able which means they can pull them in or out when they need them.

Foxes are very social animals and live in packs. A pack of foxes is called a skulk or a leash. They like to hunt alone.

They use the earths magnetic field to help them hunt!

The large ears of the
Fennec fox helps cool them
off during the days in the
desert.

Arctic foxes live in under-
ground dens that can be very
old and miles long!

The Kit fox looks very similar to the Fennec fox. They live in the southwestern United States.

The Swift fox is a small fox that lives in the grass-lands of North America. It is about the size of a cat. It got it's name because it is very fast.

The Fennec fox only weighs about 1.5-3.5 pounds! At about 8 inches tall, it is the smallest of the foxes.

The Fennec fox is able to
live without drinking water!
This is important in the
desert.

A female fox is called a vixen.
A male fox is a dog. Baby
foxes are called cubs, pups
or kits.

The Crab-eating fox lives in South America. Can you guess what it's favorite food is?

Foxes have vertical (up and down) pupils like a cat. This helps them see better at night.

Foxes have a strong odor to their pee, which they use to mark their territory. This is one of the reasons not to have them as a pet!

Fennec foxes have extra
furry feet. This protects
their paws from the hot
desert sand.

Foxes are very smart animals that can learn quickly.

The Red fox is known for its black "stockings". This is the color of the bottom half of their legs. They also have a white tip at the end of their tails.

Foxes raise their pups to-gether and are very protec-tive of them. Fox parents will stay together for their whole lives.

There are 12 species of true
foxes. These foxes all belong
to the genus Vulpes.

OTHER FOXES

```
B A C O Z U M E L D Z L
E R N C X R P T F E C C
N W X D N L K A S R A H
G R B L E D S N L A S I
A N Q V H A I F F E R L
L K Z E P W N Q L T O L
L C P M R Y T Y D A C I
L A A A M A R J L B G A
C P D L J R I S L A N D
R D R D C G T W T L Y L
C R A B E A T I N G L N
Z F X R S E C H U R A N
```

ANDEAN   CORSAC   ISLAND

BAT EARED   COZUMEL   PALE

BENGAL   CRAB EATING   PAMPAS

CAPE   DARWINS   SECHURAN

CHILLIA   GRAY

TRUE FOXES

```
D  N  A  S  N  A  T  E  B  I  T  G
K  Y  Y  H  R  J  N  B  P  T  I  K
T  B  L  A  N  F  O  R  D  S  H  J
C  S  I  L  V  E  R  Z  N  L  N  T
O  K  K  E  L  C  M  D  F  Z  S  G
R  B  D  D  L  L  R  E  H  L  E  H
S  X  L  C  H  A  N  O  A  V  L  T
A  N  S  I  J  N  P  G  S  Z  P  B
C  M  W  T  E  Y  N  C  C  S  P  M
J  C  I  C  X  E  C  B  A  D  U  X
C  Z  F  R  B  F  L  C  E  P  R  L
R  R  T  A  J  L  J  R  F  K  E  K
```

ARCTIC	CROSS*	RUPPLES
BENGAL	FENNEC	SILVER*
BLANFORDS	KIT	SWIFT
CAPE	PALE	TIBETAN SAND
CORSAC	RED	

*There are 12 true foxes. The silver and cross fox are red foxes with different colored fur.

Many animals live in the arctic with the arctic fox!

Match the number with the animals:

Number	Animal
	Killer Whale
	Reindeer
	Polar Bear
	Eagle
	Arctic Fox
	Puffin
	Narwhal
	Wood Bison
	Penguin
	Moose
	Seal
	Walrus

Arctic Animal

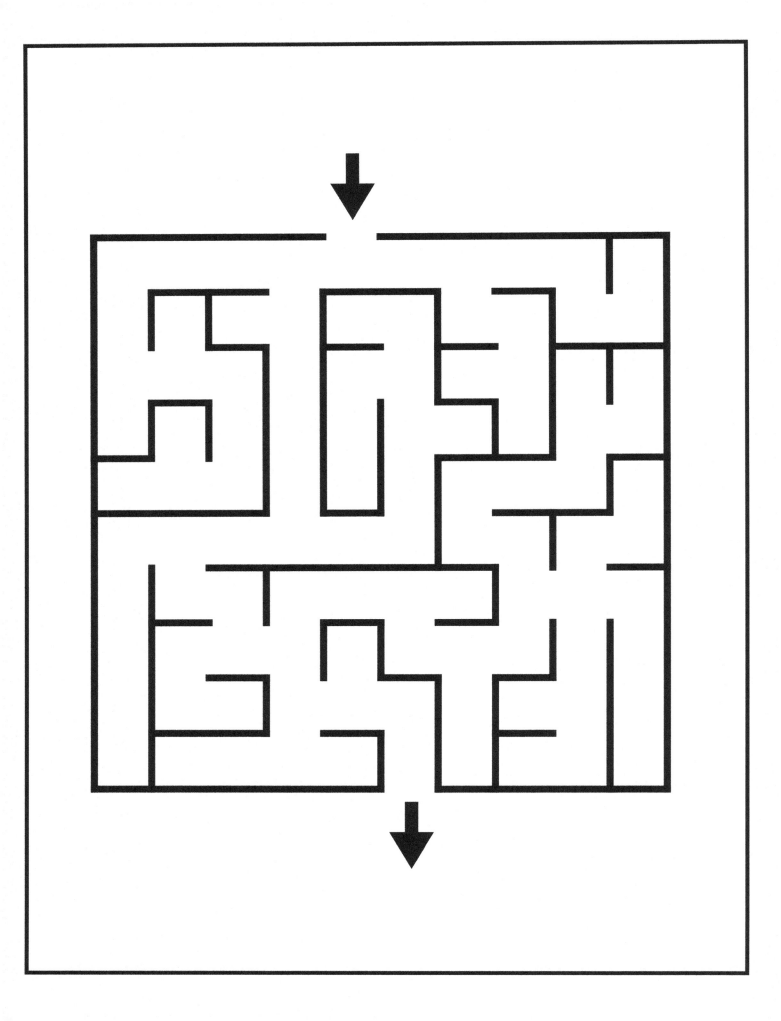

ARCTIC ANIMALS

```
X R B X O K S U M N K V T Z
N K G E E N I R E V L O W X
W N G P L Q R J L R N E X K
C B Q O N U C G Y F N E B R
T W O L F R G P L I X A Z N
C C G A F E R A M M R G C I
M X K R T E F R W B B L J F
X N B B S D E C K H L E X F
H K N E E N Y L T A A C O U
H Z R A A I K R H T V L F P
N A O R L E Z W M Q L K E H
H X L R R R R Y M O O S E K
X K J C C A F W A L R U S Y
K N P Z N A R N H N N R E T
```

BELUGA WHALE   MUSK OX   SEAL

EAGLE   NARWHAL   TERN

ERMINE   ORCA   WALRUS

FOX   POLAR BEAR   WOLF

HARE   PUFFIN   WOLVERINE

MOOSE   REINDEER

DESERT ANIMALS

```
C R T T B K P T R V L N T R N
L G I L A M O N S T E R Z N R
S W A L L A W K C U H C F R E
I T J R Z K W J W N J Z E R P
Z K H E M F L H N O J T N Z I
E L M O R V L Y L I D L N L V
W Y H M R B W W N P W M E P D
I P Y B V N O B M R N M C T E
N P P L N Y Y A J O A N F M N
D J Y J M Z Z D M C N C O X R
E P N G R R W V E S M Q X R O
R L Y M L H R X N V M P T J H
K P B F H Z Z Y Q L I Z A R D
R E N N U R D A O R F L Z F N
K D E S E R T T O R T O I S E
```

CAMEL	HORNED VIPER	SCORPION
CHUCKWALLA	JERBOA	SIZEWINDER
DESERT TORTOISE	LIZARD	THORNY DEVIL
FENNEC FOX	PYGMY OWL	
GILA MONSTER	ROADRUNNER	

Many animals can live in the hot deserts of the world!

Match the number with the animals:

Number	Animal
	Ostrich
	Scarab Beetle
	Fennec Fox
	Addax Antelope
	Sidewinder
	Monitor Lizard
	Dorcas Gazette
	Camel
	Scorpion
	Jerboa

Sahara Desert Animals

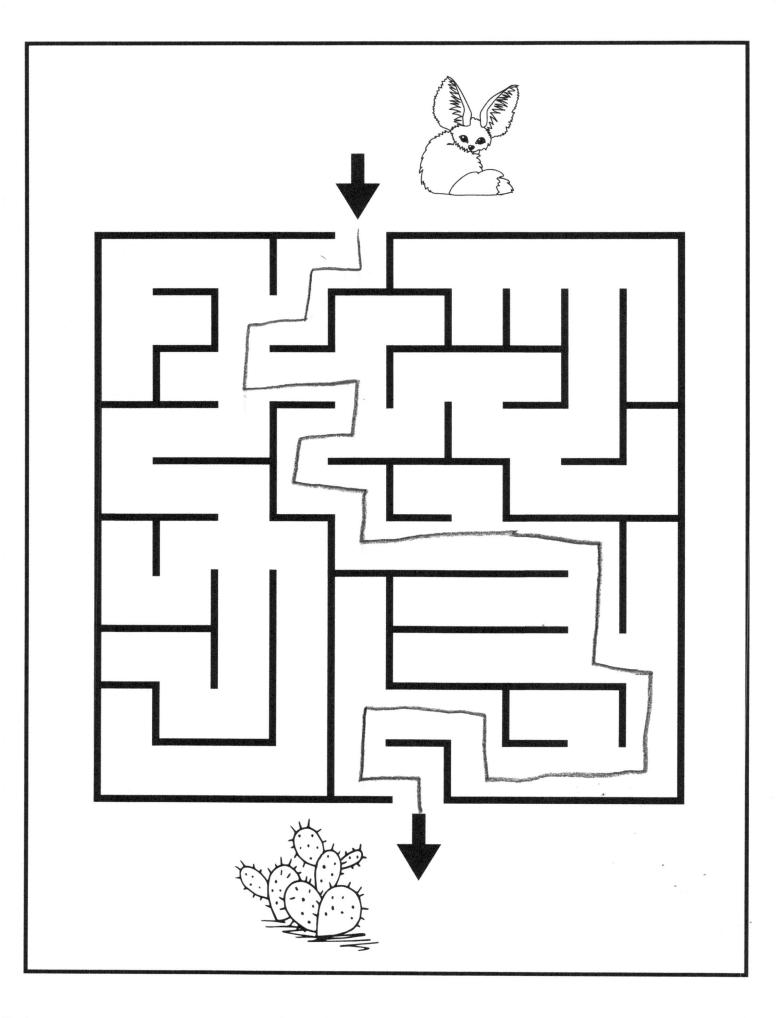

Here are just a few of the woodland animals that
live in the same regions as Red foxes.
Match the number with the animals:

Number	Animal
	Beaver
	Squirrel
	Raccoon
	Hare
	Hedgehog
	Deer
	Red Fox
	Bear
	Wolf
	Moose

FOREST ANIMALS

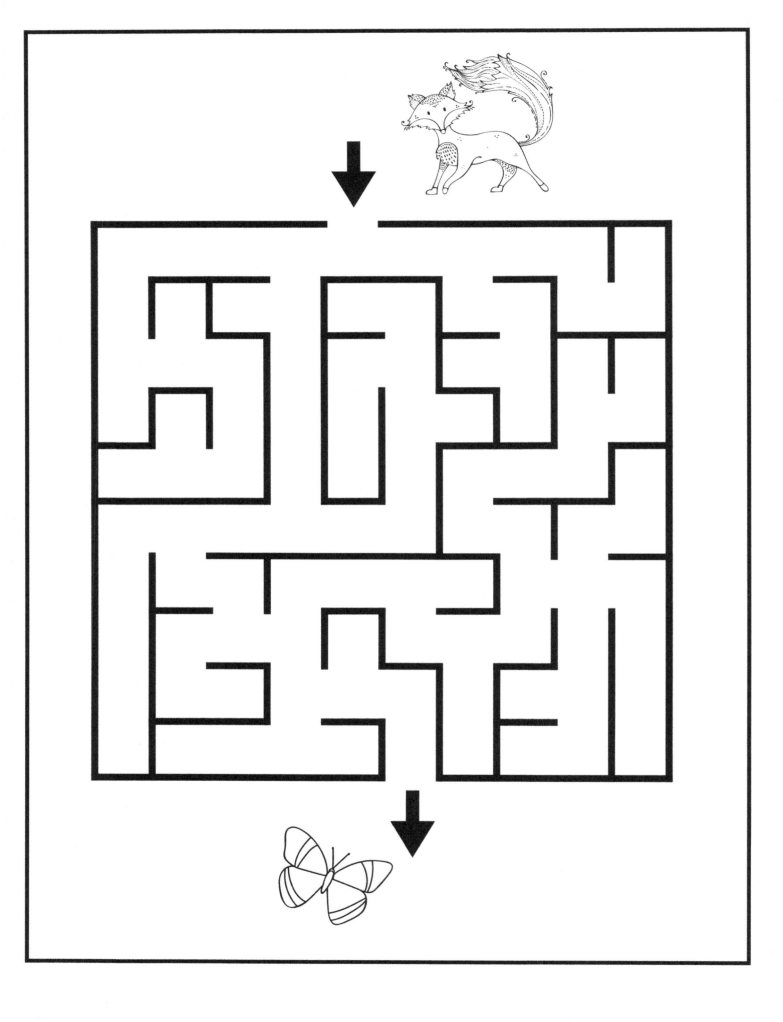

FIND 7 HIDDEN FOXES

FIND 6 HIDDEN FOXES

FOREST ANIMALS

```
L C T J S C Y S Y R X K K N
N M T L Y Q K E T O Y O C T
F F N V G U U N M D E E R L
P K F N N K O I V V Z O C M
E N L K P O N M R K X O W W
N B O B C A T U J R T N L L
I L W C H J M R M T E C R M
P H A V M M B R O P X L W U
U R F D P B P N E O I T M S
C H V P R E T H F V P H T S
R A T R R A Z D P X A R C O
O W M P I R E H Q W W E R P
P K J L N R X P Z Z J F B O
H Y Y G O H E G D E H W V N
```

BEAR	DEER	RACCOON
BEAVER	HAWK	RED FOX
BOBCAT	HEDGEHOG	SKUNK
CHIPMUNK	OPOSSUM	SQUIRREL
COTTONTAIL	OWL	WOLF
COYOTE	PORCUPINE	

VOCABULARY

```
O V E R T I C A L L R R F
M M P L A Y F U L A J C C
M G N M N T Y V C I Z E L
M A P I E G F N N C S L I
H Y G I V L V L Q O K C A
T P U N N O K I N S U U T
R Q L V E S R D X G L B Y
A M L D U T E O G E K D H
M M K N C T I C U Z N O S
S V E M N L L C R S Q G U
M G N I K C O T S J W T B
D D O L A N R U T C O N F
L P H S A E L D E N N N T
```

BUSHYTAIL   MAGNETIC   SKULK

CUB   NOCTURNAL   SMART

DEN   OMNIVOROUS   SOCIAL

DOG   PLAYFUL   STOCKING

GENUS   POINTED NOSE   VERTICAL

LEASH   QUIET   VIXEN

CIRCLE OR COLOR THE 6 FOXES

FIND 9 HIDDEN FOXES

FIND HIDDEN FOXES - ANSWERS

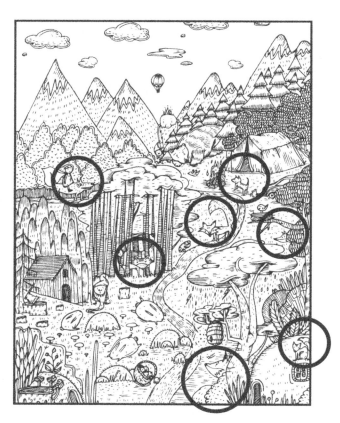

TRUE FOXES

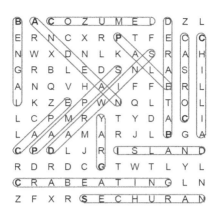

OTHER FOXES

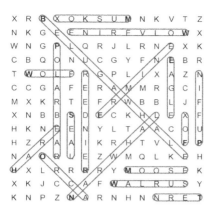

ARCTIC ANIMALS

DESERT ANIMALS

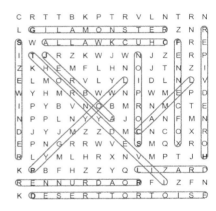

FOREST ANIMALS

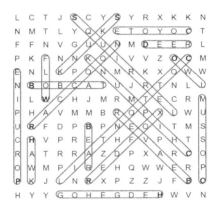

VOCABULARY

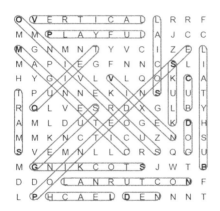

Number	ARCTIC ANIMALS
6	Killer Whale
5	Reindeer
4	Polar Bear
10	Eagle
12	Arctic Fox
11	Puffin
8	Narwhal
9	Wood Bison
10	Penguin
3	Moose
7	Seal
1	Walrus

Number	DESERT ANIMALS
3	Ostrich
10	Scarab Beetle
6	Fennec Fox
4	Addax Antelope
7	Sidewinder
5	Monitor Lizard
9	Dorcas Gazelle
2	Camel
8	Scorpion
1	Jerboa

Number	FOREST ANIMALS
8	Beaver
9	Squirrel
7	Raccoon
2	Hare
6	Hedgehog
4	Deer
3	Red Fox
5	Bear
10	Wolf
1	Moose